SONIDOS, OLORES Y COLORES: LA COMUNICACIÓN EN EL MUNDO ANIMAL

MARÍA EMILIA BEYER RUIZ
ILUSTRACIONES DE RICARDO PELÁEZ

LA
OTRA
ESCALERA

CASTILLO

Si es así, te invito a que continúes leyendo. En este libro conocerás los códigos secretos que diversas especies emplean para comunicarse, y también verás reflejadas en otros animales muchas de las respuestas que creemos únicas y características de los seres humanos.

¿ERES DE LOS QUE CREEN QUE SÓLO LOS SERES HUMANOS SE COMUNICAN?

En el mundo animal es indispensable contar con la capacidad para comprender los olores, colores, posturas, sonidos, etcétera, que forman el inmenso abanico de señales que se envían los organismos para comunicarse.

Estas señales pueden provenir de individuos de la misma especie (por ejemplo, en un nido de hormigas, en donde las tareas se distribuyen y asignan mediante señales específicas) o de especies distintas. Comprender unas señales y otras es vital para la supervivencia. Por ejemplo: escaparemos de la mordida del perro que tiene el vecino siempre y cuando detectemos e interpretemos a tiempo los gruñidos y los gestos faciales del animal. Si carecemos de los códigos para comprender estas señales, es posible que nos ganemos una mordida.

De acuerdo con las investigaciones realizadas por el biólogo Edward O. Wilson, sabemos que las especies animales que tienen mejores sistemas de comunicación son las que se consideran sociales. Es decir, son organismos que crecen dentro de un grupo, obedecen ciertas reglas *dictadas* por los animales dominantes, aprenden conductas nuevas

copiándole a sus padres y hermanos mayores, etcétera.
Y aunque no lo creas, no estamos hablando de los seres
humanos nada más.

Entre los organismos sociales más estudiados se encuentran
tanto los invertebrados como los vertebrados. Hay numerosos
e interesantísimos estudios que nos permiten comprender
cómo se organizan en sociedad ciertos insectos (por ejemplo,
las hormigas, termitas, avispas y abejas) y animales de gran
tamaño como los lobos, los leones, los elefantes y las cebras,
que forman manadas para sobrevivir y apoyarse mutuamente.

Estarás de acuerdo en que para vivir juntos, debe existir
una buena comunicación. Es por eso que los animales que
viven en grupos tienen más códigos, más conductas y más
sistemas para transmitir información que los animales
solitarios.

Cuando, a través del tiempo, los animales detectan que
un movimiento, un despliegue de color, una emisión de sonidos
o de olores resulta provechosa, procuran integrarla a su sistema
de comunicación. Y como la conducta evoluciona con la
especie, es aprendida por los organismos más jóvenes
y se integra a los códigos de comunicación preexistentes.
Por ejemplo, los investigadores que analizan la comunicación

de los primates suponen que en el pasado algunos monos adoptaron la costumbre de avisarle a sus compañeros sobre la presencia de un jaguar mediante gritos muy agudos que mostraban angustia. Esta señal, al ser emitida a tiempo y producir buenos resultados (es decir, al ser comprendida por todos), puede salvar a los otros monos que estaban distraídos y no habían detectado la presencia del depredador.

Pero la comunicación animal no evolucionó nada más para defender a una especie de posibles ataques (aunque es innegable que este mecanismo es fundamental para cualquier animal que quiera sobrevivir).

También hay códigos *románticos,* es decir, conductas y señales que se despliegan para atraer a una pareja, o para demostrar que un macho está interesado en una hembra determinada. Por ciertas características de sus señales, los pájaros podrían ser considerados de los animales más refinados. Pensemos por ejemplo, en el magnífico despliegue de las plumas azules, verdes y doradas del pavo real. Este abanico de color es difícil de sostener abierto, por lo que el macho lo despliega sólo en ocasiones especiales, como cuando detecta a una hembra que le gusta. Mostrarle todos esos colores tiene un significado: ¡yo quiero contigo!

¿CÓMO DESCIFRAMOS LOS CÓDIGOS DE LA NATURALEZA?

Del mismo modo en que para aprender un nuevo idioma (por ejemplo, el alemán) tienes que tomar un curso especial e invertir muchas horas de estudio, los biólogos que estudian las formas en que se comunican los animales necesitan aprender a reconocer cuáles son las *palabras clave* que permiten la transmisión de información.

Para esto se necesitan muchas y muy cuidadosas sesiones dedicadas a observar a los animales, de preferencia en su medio natural. Además, es necesario elegir la especie que se quiere comprender. Un biólogo que identifique las señales que se envían los gorilas, no necesariamente comprenderá las señales de los chimpancés o los orangutanes. Para cada lenguaje animal hay una serie de códigos que deben aprenderse con tiempo y dedicación.

Sin embargo, a veces encontramos que una misma señal está presente en varias especies y es más fácil comprenderla: algo así sucede cuando hablas español y te muestran una palabra en italiano. Como ambos idiomas comparten la misma raíz (el latín), es sencillo comprender algunas cosas aunque no hayas estudiado el italiano.

LOS RITUALES ANIMALES
EN LA COMUNICACIÓN

Cuando una señal se integra al conjunto de comportamientos que ejecuta cotidianamente un animal, podemos hablar del establecimiento de un ritual.

Pongamos el ejemplo de unas aves conocidas como cormoranes. Dentro de las señales que emiten para atraer una pareja, los machos ejecutan una serie de posturas que simulan la manera de volar y muestran las posiciones que utilizan para despegar del suelo. Aunque el vuelo no está directamente relacionado con el cortejo de una hembra, esta conducta ya es un ritual: todos los machos de la especie realizan esta simulación de vuelo en una complicada danza con el afán de ser el mejor bailarín y quedarse con el premio: la hembra.

La danza no es ocurrencia de unos cuantos cormoranes, es un ritual que todos ejecutan porque comunica información a las hembras; para ellas, los movimientos son importantes porque les ayudan a seleccionar a la pareja más ágil, más joven o más fuerte.

La secuencia de posturas corporales y los sonidos que se emiten durante la danza se transmiten de generación en generación a los machos jóvenes, para que en el futuro éstos, a su vez, desarrollen la danza para atraer a las hembras.

Es posible que en la televisión o en un día de campo podamos observar danzas parecidas en otras aves. Eso significa que el ritual de la danza ha evolucionado en diferentes especies del mismo modo que el español y el italiano comparten algunas palabras.

Estos rituales, las señales que se emiten y las respuestas que provocan son materia de estudio de la etología, que es la rama de la biología que se encarga del estudio del comportamiento animal. A estas alturas es conveniente comenzar a analizar el conjunto de elementos que hacen posible esta comunicación en el mundo de los animales.

Recibimos las sensaciones odoríferas, auditivas, visuales o táctiles gracias a los órganos de los sentidos que han evolucionado a lo largo de millones de años con mayor o menor importancia (dependiendo del animal del que se trate). Los órganos de los sentidos son los responsables de captar las señales. Todos están conectados de una manera u otra al cerebro, en donde se acumula, se procesa y se decodifica la información. En muchos casos, una vez comprendido el mensaje, se detona una respuesta (ya sea de huida, de invitación al juego, de aceptación del cortejo, de agresión, etcétera).

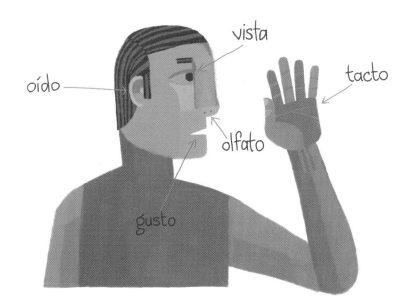

   Los sentidos actúan como los canales por los que corre
la información que se emite en el mundo animal. Esto los
convierte en elementos fundamentales para establecer
contacto entre distintas especies o entre organismos
que pertenecen a un mismo grupo.

OLORES
QUE TRANSMITEN
MENSAJES

Los seres humanos empleamos principalmente un sistema de observación de objetos, y de emisión y recepción de sonidos. Por eso, nos cuesta trabajo imaginar que otras especies utilicen otros canales para entablar comunicación.

Sin embargo, hoy sabemos que dentro del mundo animal el olfato es el sentido más antiguo y, por lo tanto, el que tal vez evolucionó primero como transmisor de señales.

Hay muchos tipos de olores, pero aquí solamente nos ocuparemos de aquellos aromas que transmiten información específica; en otras palabras, nos interesan únicamente las señales odoríferas que funcionan como transmisoras de mensajes. Si un olor no es capaz de dar un mensaje claro que detone una respuesta en el animal que lo percibe, entonces no es parte del conjunto de aromas que trataremos a continuación.

El mundo de la comunicación odorífera se encuentra basado en la química. Aquí las moléculas que comunican algo son liberadas desde un animal que llamaremos *el emisor*. Estas moléculas conforman un olor característico que puede ser captado y comprendido por el sistema olfatorio de otro individuo, que llamaremos *el receptor*.

Si este olor es capaz de provocar una respuesta inmediata e inequívoca en el receptor, sabremos que nos adentramos en el mundo de las feromonas.

Las feromonas son sustancias que actúan directamente sobre el sistema olfatorio e influyen en el comportamiento de los animales. La palabra feromona proviene de la palabra griega *pherein,* que significa transportar.

Las feromonas son liberadas en el medio ambiente gracias a la acción de unas glándulas especializadas que las emiten en los momentos precisos, justo cuando es necesario enviar señales para *decirle* algo a otros animales de la misma especie. En muchas ocasiones el mensaje pasa inadvertido para los organismos de otras especies. Es como enviar una señal secreta que podrá ser captada solamente por tus compañeros.

Esta característica garantiza un éxito enorme para la
comunicación animal, pues independientemente de la gran
cantidad de aromas que floten en el ambiente, un organismo
siempre detectará una feromona que haya sido liberada por
otro individuo de la misma especie. Además, la feromona
siempre detonará en el organismo que la recibe una conducta
predecible y estereotipada; eso significa que el emisor
de una feromona ya sabe qué debe esperar como respuesta a
las señales que lanza al medio. Por lo tanto, la comunicación
es muy efectiva.

Existen feromonas compuestas con moléculas simples
o complejas, dependiendo del mensaje que transmitan.
Se sabe que las hormigas liberan una feromona que sirve para
marcar una trayectoria que le permitirá a las otras hormigas
llegar a una fuente de alimento. Esta forma odorífera de
avisarle a las compañeras qué sendero seguir depende
de una feromona molecularmente compleja (y por lo tanto,
más *pesada)* que puede permanecer en el ambiente durante
minutos e incluso horas; en este caso a las hormigas les
conviene que la señal no se evapore tan rápido;

En cambio, cuando un invasor ingresa al hormiguero, las hormigas que lo detectan emiten una feromona de estructura molecular poco compleja, por lo tanto el aroma es muy volátil y convenientemente rápido para hacer llegar un mensaje de alerta y generar una reacción rápida en todo el hormiguero.

En el mundo animal, las feromonas tienen muchas ventajas y, por lo mismo, las encontramos funcionando en prácticamente todas las especies.

Pero ¿qué las hace tan efectivas? Pensemos, por ejemplo, en la discreción. Si un antílope detecta que un león acecha a la manada, puede emitir sonidos para avisar a sus compañeros, pero con este ruido llamará la atención del depredador y esto lo pone en riesgo "por abrir la boca". ¿Qué hacer entonces? Se pueden emitir feromonas de alerta, que sólo son captadas por los miembros de la manada de antílopes. Esas señales se liberarán al ambiente generando una estrategia de huida colectiva.

Pensemos ahora en la comodidad. Muchos animales son territoriales y gustan de cuidar sus límites de espacio. Hay varias formas de avisarle a un intruso que está entrando en un territorio que ya tiene dueño.

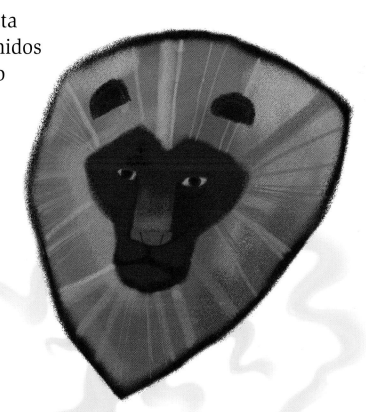

El animal puede, por ejemplo, recorrer todos los días sus fronteras para verificar que no entren otros individuos. Pero además de cansado, es poco efectivo, ya que no puede estar presente en todas partes al mismo tiempo. Además es posible que los animales intrusos quieran pelear con el dueño del territorio, por lo que habría enfrentamientos constantes y riesgosos. ¿Cómo resolver este problema? Mediante la liberación de feromonas.

Es común observar que animales como los tigres y los perros orinan en los árboles de lo que consideran *su espacio*. Con la orina están liberando feromonas específicas, que tienen

un mensaje que le avisa a otros animales que están en *propiedad ajena*.

En el caso de los conejos, las feromonas se liberan gracias a una glándula que se encuentra en la barbilla. Los conejos frotan la barbilla contra las rocas y los árboles o las entradas de sus madrigueras y liberan así las señales territoriales para los otros conejos. Este tipo de conductas se estudian en el Centro de Investigación en Reproducción Animal, que depende del Instituto Politécnico Nacional. Este Centro estudia el comportamiento y la comunicación animal desde hace dos décadas. Se encuentra en el estado de Tlaxcala y cabe señalar que sus investigaciones tienen reconocimiento internacional.

Otras feromonas que funcionan en el mundo animal son las que transmiten señales sexuales. Muchas hembras de diferentes especies emiten olores para avisarle a los machos que están en etapa reproductiva. Las hembras de algunos mamíferos también liberan feromonas a través de glándulas de la piel y el pezón para indicarle a sus crías recién nacidas en dónde buscar alimento. Este mecanismo es fundamental cuando los recién nacidos nacen ciegos y viven en cuevas oscuras, como es el caso de los conejos.

Las feromonas se liberan gracias a glándulas especializadas que se encuentran en sitios tan distintos del organismo como la piel, las axilas, el mentón, el ano, las membranas interdigitales, en torno de los ojos del animal, etcétera.

LOS SONIDOS:
ONDAS QUE LLEVAN INFORMACIÓN PARA LOS ANIMALES

Como ocurre con las feromonas, la emisión de sonidos también puede constituir un modo de comunicación de distintas especies animales, entre las que se cuentan desde los insectos hasta los mamíferos superiores.

Un sonido puede emitirse de día o de noche, en cualquier condición climática y con esfuerzos energéticos mínimos por parte del animal que emite las ondas sonoras, ya sea mediante gritos, gruñidos, graznidos, vibraciones, aullidos o cualquier otro recurso. El sonido tiene muchas ventajas, ya que puede viajar sin que le estorben los objetos y da una idea bastante clara del sitio donde se encuentra el animal emisor. Ya habíamos planteado que ser detectado no siempre es ventajoso, pues el animal que haga ruido puede ser cazado por un depredador. Pero en otras situaciones, el sonido es una herramienta de comunicación eficiente y fundamental para la supervivencia.

Pensemos, por ejemplo, en una madre
murciélago que regresa de capturar algunos
insectos para alimentar a su cría. La murciélaga
entra a la oscura cueva en donde vive junto
con otros murciélagos, formando una colonia
que a veces suma millares de individuos. No es fácil
encontrar en esta oscuridad a la cría, por lo que emite
sonidos muy agudos que serán escuchados por todos
los bebés, pero uno en particular reconocerá la voz
de su mamá. El pequeño murciélago responderá con
chillidos que la madre identificará con absoluta certeza.
Así se entabla una comunicación eficiente entre madre e hijo.

También hay sonidos que comunican advertencias, como
los gruñidos de los perros o los rugidos de los grandes
felinos. En muchas ocasiones, esta señal basta para
provocar miedo en el contrincante, y se evitan así los
enfrentamientos.

Las ondas sonoras también se usan para comunicar alegría.
Varios biólogos han estudiado los particulares sonidos
que emiten los chimpancés cuando encuentran árboles
frutales. Gracias a estos estudios sabemos que los aullidos
y los golpes en las ramas que realizan estos primates
funcionan para atraer al resto de la familia, de modo que
todos puedan disfrutar del festín. Para los seres humanos,
los gritos pueden parecer signo de algún trastorno,
pero entre los primates reflejan una felicidad enorme.

Después de todo, cada especie tiene sus formas
de comunicar alegría: imaginemos cómo vería un gorila
una demostración de fiesta de los seres humanos, con música
a todo volumen, gritos, risas y bailes tumultuosos.

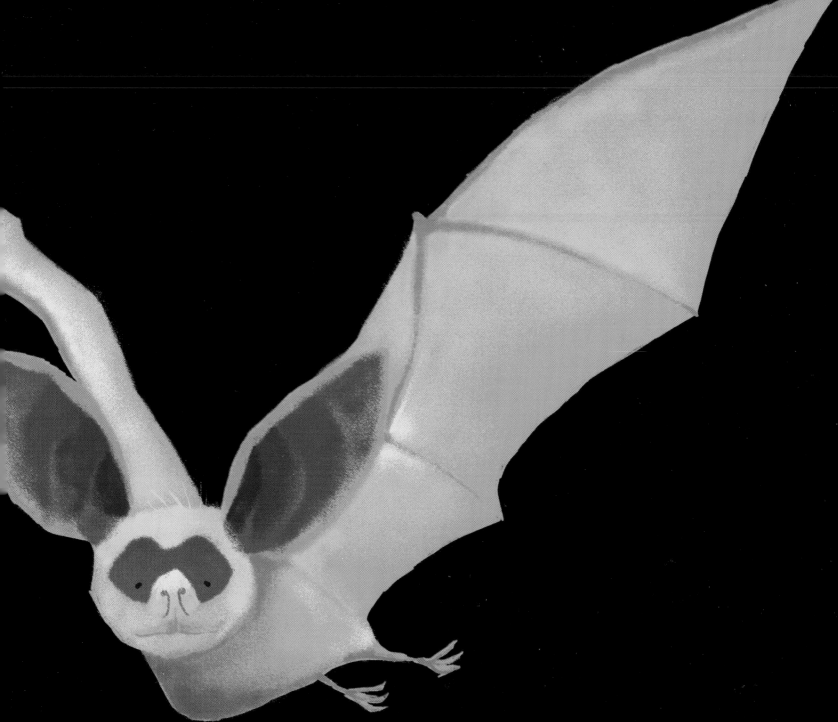

SEÑALES VISUALES:
UN PANORAMA DE COLORES
PARA COMUNICAR MENSAJES

Poseer colores llamativos en la naturaleza puede resultar peligroso. Los animales viven en constante peligro, por lo que adoptan estrategias cotidianas para esconderse de los posibles depredadores que comparten el ecosistema.

Un despliegue de color no es discreto y, por eso, algunos animales ocultan su colorido con escamas, plumas o posturas corporales específicas. Sin embargo, los colores pueden enviar señales muy importantes, no sólo para los animales de la misma especie, sino para otras especies. Cuando se necesita mandar una señal, el animal enseña sólo la parte del cuerpo que tiene el color adecuado.

Ya hemos comentado cómo puede encontrar pareja un ave si despliega ante la hembra sus colores llamativos.

En la naturaleza también existen señales visuales que parecen un juego de magia, en donde las muchas luces de colores crean confusión y evitan que descubramos el truco.

El color se usa en ciertos casos para *contar mentiras* dentro del mundo animal. Esta estrategia de engaño es característica de los peces que viven en los arrecifes de coral. En muchas especies, como en el caso del pez cometa o el pez mariposa, los colores del cuerpo semejan ojos falsos. Cuando un depredador se dispone a atacar, lo más seguro es que busque la cabeza para que la mordedura sea mortal. Sin embargo, los ojos falsos desvían el ataque: en lugar de morder una cabeza, el confundido depredador obtendrá un bocado de aleta o de cola. Este truco es muy eficiente, pues aunque el pez salga herido, tendrá la posibilidad de escapar y sobrevivir. No contaría con la misma suerte si el ataque estuviera dirigido a la cabeza.

Es evidente que la
estrategia de dibujar con
colores llamativos ojos o
cabezas falsas es muy exitosa.
Esto queda demostrado por la
enorme cantidad de animales
diferentes que a lo largo de su
evolución han adoptado el truco
para escapar de los depredadores.

Algunas mariposas llevan el engaño
al extremo, pues sus alas tienen unas
manchas que se parecen a los grandes ojos
de un búho. Cuando se sienten amenazadas
por un ave o un reptil muestran los enormes *ojos* y dejan
al atacante asustado y confundido. Este mecanismo sorpresa
le brinda a la mariposa segundos vitales para escapar.

Se tiene noticia de que algunas serpientes (sobre todo
las que no son venenosas y por lo mismo, pueden ser víctimas
de los depredadores) han desarrollado en el lado de la cola
una imagen que asemeja una falsa cabeza. En este caso
se encuentra la serpiente de collar. Cuando enfrenta a un
depredador, se asegura de llamar la atención hacia la cola
para garantizar que el animal ataque esa zona, en lugar
de morderle la cabeza. Todos estos ejemplos nos muestran

que en la naturaleza y en la comunicación de los animales,
también existen las mentiras, con tal de sobrevivir un día más.

Finalmente, podemos hablar de los colores de advertencia.
Casi siempre, cuando los animales poseen tonos brillantes
y diseños distintivos, quiere decir que son venenosos.
Con ese despliegue de color parecen decirle a sus depredadores:
¡Cuidado, ni se te ocurra!

Entre los organismos venenosos con colores brillantes
encontramos a las ranas kokoi que viven en los
bosques tropicales sudamericanos. Estos pequeños
anfibios poseen el veneno animal más potente de
la Tierra. Sus distintivos colores (naranjas,
amarillos, azules brillantes) las hacen muy notorias,
pero sólo los depredadores inexpertos se atreven a
atacarlas, pagando con su vida el ataque. A la rana
le conviene comunicarse con su depredador,
no por que le interese evitar que su atacante muera
envenenado, sino para evitarse a sí misma mordidas
fastidiosas o mortales.

Otras ranitas han adoptado patrones coloridos
y brillantes aunque no tengan veneno y sean totalmente
comestibles. Es una inteligente jugarreta de la evolución
para preservar a las especies. Otro tanto sucede con
la serpiente llamada *falsa coralillo,* que es inofensiva
pero ha copiado los colores de la *original* serpiente
coralillo, que sí es venenosa.

LA IDENTIFICACIÓN
DE LOS CÓDIGOS DE LA COMUNICACIÓN ANIMAL

¿Qué sucede cuando una especie aprende
a reconocer los códigos de comunicación
de otros animales? Las experiencias resultan
muy interesantes. Recordemos que emitir
sonidos puede ser peligroso, a pesar de todas
las ventajas que hemos comentado.

Ciertas ranas aprovechan la luz de la luna para
salir a croar *a todo pulmón*. Estos cantos pretenden
avisar a las hembras que se preparen porque
les espera una noche romántica. Para evitar
equivocaciones, los machos de cada especie cantan
de forma tan particular que sólo será atractiva para
las hembras que realmente les interesan.

El problema es que existen algunas especies
de murciélagos que se alimentan de ranas,
y el croar de los machos les indica la posición
exacta de la presa. Digamos que esta comunicación
ha sido interceptada por un animal de otra especie,
que consigue entonces alimentarse sin perder
energías buscando a la presa. El sonido que lanza
la rana macho le facilita al murciélago la cacería.

Los biólogos que trabajan en la Organización
Internacional para la Conservación de
los Murciélagos (cuya sede se encuentra en Texas
desde hace 20 años) descubrieron además algo
interesante: estos cazadores nocturnos han
aprendido a identificar a las ranas que les
gustan más por su canto,

así que eligen entre los sonidos
que emiten las ranas como
si estuvieran leyendo la carta
en un restaurante. Una vez
descubierta esta conducta,
los biólogos que querían estudiar
a los murciélagos *hicieron trampa*
manipulando la comunicación también.
Grabaron el croar de la rana macho y colocaron
la grabadora en un sitio con redes para atrapar
a los murciélagos. El truco funcionó y los
investigadores tuvieron la oportunidad de analizar
a los cazadores de ranas gracias a que interceptaron
el código que el murciélago había interceptado a su vez
para atrapar a su presa favorita.

Un ejemplo de comunicación animal que no puedo dejar
de contarles es el de Koko, la gorila que habla con los seres
humanos mediante señales del lenguaje de los sordomudos.

Sabemos que la capacidad que tenemos los seres humanos
para emitir sonidos que pueden constituir un lenguaje se debe
en gran medida a las posturas bípedas que adoptaron nuestros
ancestros durante la evolución de la especie. Aunque
es evidente que nuestro cerebro juega un papel importante
en el análisis de la información, un grupo de investigadores
ha propuesto que el lenguaje de los primates cercanos
al hombre estaba limitado no por el cerebro o la inteligencia,
sino por las diferencias morfológicas entre la laringe, la boca,
el paladar y las cuerdas vocales.

Así nació el proyecto para enseñar a Koko
a hablar mediante señas. Actualmente,
más de una década después de iniciada
la investigación, Koko (y otros gorilas
que hoy forman parte del proyecto)
puede comunicarse con sus cuidadores
usando gestos y señas de las manos que
corresponden a palabras en inglés.

Koko maneja alrededor de dos mil señas con las que arma frases completas; así, la gorila avisa cuando se siente triste, cuando tiene hambre; informa a los investigadores lo que quiere comer ese día, comunica si se siente mal o bien, responde las preguntas que se le hacen e incluso ha llegado a contarle a los científicos los sueños que tuvo la noche anterior. ¿Sabías que los gorilas sueñan? Pues gracias a Koko, ahora lo sabemos.

La comunicación animal está dotada de un sinnúmero de códigos, claves, combinaciones de posturas con sonidos, colores y olores. Este infinito de posibilidades nos abre las puertas para descifrar y comprender el maravilloso mundo de la vida en el planeta.